ORAISON FUNÈBRE

DE MONSEIGNEUR

CHARLES - JOSEPH - EUGÈNE DE MAZENOD,

EVÊQUE DE MARSEILLE,

Prononcée le 4 Juillet 1861,

Dans l'Eglise de Saint-Martin (Cathédrale provisoire), à Marseille,

PAR Mgr JEANCARD,

Evêque de Cérame.

MARSEILLE,

Ve MARIUS OLIVE, IMPRIMEUR DE L'ÉVÊCHÉ,
Rue Paradis, 68.

1861.

Justus ex fide vivit. (Ep. ad Rom. 1, 17.)
Le juste vit de la foi.

MONSEIGNEUR (1),

Cette parole se vérifie dans tous les justes ; mais certaines vies saintement remarquables sont comme une haute démonstration de la vérité qu'elle exprime. La foi les anime à un tel degré, elle les dirige si constamment, elle les domine avec une puissance si exclusive qu'elle semble y résumer et presque y absorber toutes les autres vertus dont elle est le principe.

Je viens, Messieurs, de signaler le caractère prédominant qui se manifeste dans toute la carrière du grand et saint Evêque à qui nous rendons solennellement un dernier devoir de reconnaissance et d'amour. Cette édifiante et glorieuse carrière fut toute remplie des œuvres de sa foi, qui fut, pour ainsi dire, la vie de sa vie.

(1) Monseigneur Guibert, archevêque de Tours.

— 4 —

C'est ce que je tâcherai de retracer en relevant la grâce de la vocation, les travaux du sacerdoce et ceux de l'épiscopat de notre révérendissime père en Dieu, Monseigneur Charles-Joseph-Eugène de MAZENOD, évêque de Marseille.

L'Eglise de Jésus-Christ étant sur la terre essentiellement militante, a toujours besoin de nouveaux athlètes pour soutenir ses combats avec les qualités propres aux exigences de chaque époque, et ces hommes prédestinés à de grandes choses se montrent toujours au moment précis où leur mission les réclame.

Ouvrier du Seigneur appelé à concourir puissamment à la reconstruction du temple du Dieu vivant dans les âmes, notre Prélat vint au monde vers la fin de ce XVIIIe siècle qui, après avoir tout détruit dans les intelligences et dans les cœurs, allait *consommer toutes les ruines*, implebit ruinas, par le terrible évènement qui devait ne plus rien laisser debout sur le sol de la France.

La Providence plaça le berceau du futur Apôtre dans la ville d'Aix, au sein d'une famille investie dans ses chefs d'une haute magistrature (1) et toujours fidèle, malgré l'entraînement général, aux saintes croyances de l'Eglise catholique.

En s'ouvrant à la lumière, les yeux de l'enfant virent presque aussitôt les signes précurseurs du complet écroulement de la vieille société française. Déjà, de

(1) Charles-Alexandre de Mazenod, grand-père de notre prélat et Charles-Antoine de Mazenod, son père, étaient présidents à la Cour des comptes, aides et finances de Provence et ils furent ensuite l'un et l'autre présidents à mortier au parlement de Provence.

la maison paternelle, il put reconnaître les victimes d'épouvantables exécutions et entendre gronder l'émeute homicide. Il touchait encore à la première enfance, quand conduit par les siens, il alla chercher un asile sur la terre étrangère. Elève du collége des nobles à Turin, il s'y fit remarquer par sa bonne tenue, son application, son intelligence précoce et sa force de caractère plus précoce encore. On citait déjà de lui des faits hors ligne et on s'étonnait de reconnaître une âme aussi fortement trempée dans un âge aussi tendre.

Mais l'émigration ne pouvait s'arrêter si près des frontières. Après trois ans passés au collége des nobles, le jeune de Mazenod arriva à Venise. Ici commencèrent à se développer, sous les plus saintes influences, ces pensées de foi qui dirigèrent toute sa vie. Il y avait à Venise, dans une famille de très-riches négociants, deux frères ecclésiastiques également renommés dans la ville pour leur science et leur piété. Voisins de la demeure du jeune émigré, ils l'attirèrent dans leur maison par une charitable industrie et devinrent ses maîtres dans ses études. Témoin de la sainte existence de ses deux instituteurs, associé tous les jours à leur conversation, à leurs lectures, et à plusieurs de leurs exercices religieux, il sentait déjà s'allumer en lui toute l'ardeur d'une piété généreuse ; puis, quand le soir, rentré chez son père, il retrouvait dans la personne de deux oncles vénérables, l'un grand-vicaire d'Aix et l'autre de Marseille, le spectacle de la même vie édifiante, il se fortifiait encore dans les sentiments dont son cœur se nourissait

Je l'ai souvent entendu parler de Venise et toujours avec l'accent de la plus vive reconnaissance envers Dieu qui lui avait ménagé une si heureuse direction et de si dignes modèles. Il plaçait à cette époque de sa vie, le bonheur d'avoir vu s'ouvrir devant lui une voie de salut semée de toutes sortes de grâces. C'est alors que la pensée qui l'occupait se fit jour pour la première fois ; il manifesta à ses parents la résolution de se consacrer à Dieu dans l'état ecclésiastique.... « Mais comment cela se pourrait-il, lui dit pour l'éprouver un de ses oncles, tu es l'unique héritier de notre nom. » Et lui, étonné et presque scandalisé de ce langage dans la bouche d'un homme aussi vénérable, lui répondit aussitôt avec vivacité : « Rien ne ferait plus d'honneur à notre famille que de finir par un prêtre. » A cette réponse, le vieillard tout ému embrassa le jeune adolescent en le louant de ses beaux sentiments. Dieu a récompensé cette famille du sacrifice qui lui était demandé, elle a fini par deux saints évêques.

Cependant notre jeune homme ne disait pas tout, et déjà, dans ses aspirations, la vie religieuse lui apparaissait dans le lointain comme le terme de sa carrière de dévouement. Il lisait alors, avec les auteurs de l'antiquité profane, bien des livres ecclésiastiques, entre autres le célèbre recueil des lettres édifiantes sur les missions étrangères. Son cœur s'enflammait à cette lecture comme à un foyer de zèle, où brûle le feu sacré qui fait les Apôtres.

Mais il fallut fuir de nouveau et aller le long de l'Adriatique se réfugier à Naples et un an après à

Palerme. Son séjour de quatre ans dans ces deux capitales fut marqué par les pratiques d'une constante piété. Il y était en relation avec les personnages les plus élevés, soit de l'émigration, soit de l'aristocratie du pays. La noble simplicité de ses maniéres, la mâle beauté de son physique, sa taille élancée, comme les grâces et la vivacité de son esprit, attiraient sur lui l'attention de cette société. Son cœur virginal n'était pas moins connu et on parlait de lui comme du modèle le plus édifiant des jeunes gens de son âge. Présenté dans le grand monde, il en dédaignait les séductions, ses pensées s'épanouissaient dans une atmosphère plus élevée et plus pure. C'étaient toujours dans son âme les pieux sentiments et dans sa conduite les saintes pratiques qu'il avait apportées de Venise. L'impiété régnait encore, elle faisait encore entendre ses blasphêmes et ses sophismes, même dans une classe dont tant de calamités n'avaient pas corrigé les erreurs. Croyez-vous que le respect humain retint captive sur les lèvres du jeune de Mazenod l'expression de sa croyance? Non, l'impiété trouvait toujours en lui un adversaire décidé et autant que les convenances le permettaient à son âge, il n'épargnait à ses interlocuteurs ni les arguments puisés dans les auteurs apologétiques qui lui étaient dejà familiers, ni même le langage d'une énergique animadversion contre tout ce qui s'élevait en opposition à sa foi.

Son caractère se dessinait par des traits toujours plus marqués, et ses parents, fiers de tant de qualités, se seraient livrés aux espérances d'un grand avenir selon le monde, s'ils n'avaient su que tous ces trésors de l'esprit et du cœur devaient être un jour apportés à l'autel.

Le Consulat avait rétabli chez nous l'ordre public ; muni d'un sauf-conduit du premier consul, M. de Mazenod s'embarqua à Palerme pour rentrer dans cette France qu'il avait appris des siens à aimer jusqu'à la glorifier dans les triomphes qui prolongeaient un dur exil. Il aborda à Marseille, à Marseille, théâtre futur de tant de labeurs et où serait un jour sa tombe, près du rivage même de cette mer qui le rendait au pays de ses pères.

A peine a-t-il touché le sol de la France qu'il est frappé, au point de vue religieux, de l'état où les succès de l'impiété ont plongé les populations. Son cœur français et chrétien en gémit profondément. Se dévouer à la lutte contre un si grand mal, il en a toujours eu la pensée et il s'en reconnaît le courage. Mais que fera-t-il, lui tout jeune homme encore, et devenu presque un étranger dans sa patrie si longtemps absente ? Il s'en ira porter dans le monde la bonne odeur de Jésus-Christ. Il a déjà combattu ailleurs le respect humain, ici il est résolu de l'abattre du premier coup. Il se déclare hautement et bientôt l'impiété est obligée d'honorer sa foi et sa vertu. Il y a encore à Aix des contemporains de cette époque de sa vie. Ils peuvent tous raconter l'impression qu'il produisit et l'idée qu'il donna de la dignité de son caractère et de la hardiesse de sa foi. Les jeunes gens les plus dissipés en furent eux-mêmes frappés et gagnés d'ailleurs par l'aménité de son commerce et le bon ton qui présidait à toute sa conduite, ils le respectèrent unanimement. Il s'occupa dès lors de bonnes œuvres. On le voyait visiter les prisonniers et les malades pauvres, les catéchiser, les servir et leur distribuer de ses mains l'aliment préparé pour eux.

Il avait fait un premier voyage à Paris ; d'anciens amis de sa famille qui jouissaient d'un grand crédit lui firent des instances pour le faire entrer dans la carrière administrative, où on lui promettait un rapide avancement. On s'étonna de son refus dont il ne disait pas les motifs. On mit en jeu, mais en vain, jusqu'au Cardinal-Légat pour l'engager à accepter des offres brillantes : il retourna en Provence. Mais bientôt le consentement de son père étant obtenu, il entra, homme fait, au séminaire de Saint-Sulpice à Paris.

Tout le distingua dans cette illustre école des vertus et de la science du prêtre. Je ne pourrais entrer dans les détails relatifs à sa ferveur, à son esprit de sacrifice, à ses progrès dans les pratiques les plus élevées de la vie spirituelle, et surtout je n'oserais dire ses pénitences austères et ses mortifications sanglantes. Chargé de prendre part à l'œuvre des catéchismes, il s'acquitta de cette mission avec bonheur. Il y a encore dans les plus hautes classes de la société parisienne des chrétiens fervents, ses auditeurs, qui le mêlent avec reconnaissance au souvenir de leur piété naissante.

Ses maîtres dans la vie spirituelle et dans la science ecclésiastique le regardaient déjà comme une des plus grandes espérances de l'Eglise dans notre pays. Il eut le bonheur d'assister à la mort le saint et célèbre

M. Emery, qui, plein de confiance dans ce disciple selon son cœur, lui avait fait souvent la confidence des inquiétudes qui consumaient sa vieillesse en présence de l'avenir qui menaçait la religion. Enfin, le moment étant venu où les Sulpiciens durent se séparer de leurs élèves, M. de Mazenod exprima au nom de ceux-ci, dans un discours plein de larmes, les regrets qui suivaient dans leur retraite ces admirables instituteurs de la jeunesse cléricale.

Il avait été ordonné diacre par le cardinal Fesch et déjà il fut désigné pour suppléer ses maîtres absents en donnant ses soins au séminaire de Saint-Sulpice pour y perpétuer l'esprit de piété et les saintes traditions du passé. C'était là sans doute une immense preuve de confiance dans des circonstances si critiques.

Le concile national de 1811 avait été convoqué. M. de Mazenod fut chargé avec M. de Quélen, depuis archevêque de Paris, de diriger le cérémonial de cette grande assemblée. Les Evêques des provinces italiennes de l'Empire français s'étaient rendus au concile. Ils firent intervenir M. l'abbé de Mazenod dans leurs rapports avec les Evêques de l'ancienne France dont la langue ne leur était pas familière. Cette confiance, à laquelle il répondit avec zèle, le mit dans la connaissance de toutes les questions délicates qui s'agitaient en ces moments si graves. Bientôt les Cardinaux romains furent appelés à Paris et la plupart d'entre eux trouvèrent en lui un concours et un dévouement des plus efficaces au milieu des difficultés de leur situation. De la fréquentation quotidienne de ces personnages, dont plusieurs sont devenus historiques , il résulta pour l'abbé de Mazenod des relations précieuses qui , bien des années après et dans des temps différents , ne cessèrent de se traduire en témoignages d'affection reconnaissante de la part de ces illustres obligés.

Vers ce même temps , il fut ordonné prêtre dans la cathédrale d'Amiens par l'Evêque de cette ville. Ce prélat (1), né à Marseille et ancien collègue d'un des oncles de l'ordinand , voulut lui imposer les mains et ensuite le retenir auprès de lui en qualité de grand-vicaire. Mais des plans plus généreux avaient été inspirés d'En Haut et l'esprit de foi l'emporta sur les sollicitations de l'amitié et de la confiance.

Comment représenterai-je le nouveau prêtre offrant pour la première fois l'adorable sacrifice ? Un Cardinal qui, sur le siége de Fénélon , en a rappelé les vertus et l'éloquence (2), disait un jour devant moi qu'il avait assisté à cette grande action et il racontait la ferveur extraordinaire , les vives émotions , les pieuses larmes du célébrant , et plus que cela , l'effet inexprimable que produisirent les paroles brûlantes qui s'échappèrent de son cœur, lorsque , adressant un discours à l'assistance pour lui demander ses prières , il voulut l'associer à son bonheur. « Tout le monde pleurait, ajoutait cet éminent témoin, et le souvenir de cette première messe me pénètre encore jusqu'au fond de l'âme. »

Mais voici que la tâche de M. de Mazenod à Saint-

(1) Mgr de Demandolx, Evêque d'Amiens, ancien grand-vicaire de Marseille.

(2) Son Eminence le Cardinal Giraud, Archevêque de Cambrai.

Sulpice est terminée ; il retourne en Provence, où nous le verrons faire éclater sa grande foi dans l'exercice du ministère sacerdotal.

————

Nous venons de voir les préparations de la grâce pour former l'apôtre que le Seigneur avait choisi, comme Samuel, dès ses plus jeunes années. Voyous maintenant comment les dons de Dieu ont été employés pour la gloire de leur souverain dispensateur.

Arrivé à Aix, le jeune prêtre se présente à l'autorité diocésaine. On lui demanda quel était le poste qu'il désirait occuper. « Aucun, répondit-il. Je demande seulement la faculté de me dévouer librement au service des âmes les plus abandonnées, » et cela, il le demandait sans autre rétribution que la *couronne de justice que le juste Juge réserve à ceux qui aiment son avénement dans les âmes* (1).

Cette faveur ayant été accordée à son zèle, il réunit aussitôt dans une des principales églises d'Aix, les gens de la campagne et les ouvriers de la ville. Bientôt toute la population s'y porte en foule et le vaste édifice ne peut contenir cette affluence d'auditeurs avides d'entendre une parole populaire, qui s'insinue dans les cœurs avec tout le charme de la langue maternelle, rehaussée de toute la dignité d'un ministère noblement et apostoliquement rempli. La pensée se présente désormais claire et complète à ces vives intelligences méridionales, qui la

————

(1) 2 Tim., cap. iv, v. 8.

reçoivent, sans aucun besoin de traduction mentale, dans les termes avec lesquels elle se formule pour elles. La sœur aînée de la langue italienne, comme l'appelle un auteur célèbre (1), a trouvé un prédicateur qui sait user des grandes ressources oratoires qu'elle offre au zèle de l'homme de Dieu. La vérité comme le sentiment en sont également satisfaits. Ce n'est en rien un ignoble patois; c'est une belle langue oubliée des prétentieux et saintement réhabilitée dans une bouche éloquente.

L'effet produit par ces prédications renouvelées tous les dimanches fut immense. L'indifférence de la multitude était vaincue, les pauvres, les simples, les ignorants avaient leur part substantielle du pain de la parole, et la Foi, répandant sa lumière, reprenait son empire. Ce fut dans les masses comme une régénération intellectuelle et morale au profit du salut des âmes.

A ce grand résultat, le jeune apôtre en voulut joindre un autre non moins important à ses yeux. Il considérait avec une sorte d'effroi, dans les classes supérieures de la société, l'avenir des générations nouvelles, dont la culture intellectuelle occupait tout le jeune âge sans laisser une place suffisante à l'éducation du cœur par la religion. Il voulut y suppléer dans la mesure du possible et il y réussit jusqu'à réaliser presque l'impossible. Il saisit les enfants dans les intervalles de leurs études classiques et, les réunissant en nombre toujours croissant autour de lui, il en fit une famille dont il devint le père, disons mieux, la mère par le charme de l'affection

____

(1) Pétrarque.

avec laquelle il se les attachait pour les attacher à Dieu dans la piété et la vertu. Avec quel tendre soin il couvrait leur innocence et avec quel pieux amour il s'efforçait de l'embellir de tous les sentiments qui ennoblissent les jeunes cœurs !

Dans le discours qu'il prononça à la session de clôture du dernier concile d'Aix, il rappela cette florissante association. — « Notre cœur, dit-il, reste toujours ou« vert aux sentiments paternels qui attachèrent à nos « débuts tant de vertueux jeunes gens devenus aujour« d'hui l'honneur et même l'orgueil de la ville d'Aix, « comme ils furent autrefois la joie et la couronne de « notre jeunesse. » En articulant ces paroles, le souvenir de ses chers enfants le saisit vivement, il s'attendrit et son émotion se communiqua à toute l'assistance.

Il ne se reposa pas dans le bien que je viens de décrire. Les prisonniers, surtout ceux qui avaient été frappés d'une condamnation capitale, éprouvèrent sa haute charité. Il en accompagna plusieurs jusques sur l'échafaud, et grâces à lui, ils moururent, si grands criminels qu'ils fussent, dans des sentiments qui leur assuraient le pardon de Dieu, consolés et fortifiés par une parole qui leur semblait descendre du Ciel, en passant par le cœur compatissant de l'homme apostolique.

Mais voici d'autres prisonniers que la guerre a amenés ; une maladie terrible les décime ; déjà, l'aumônier, le médecin, le concierge de la prison ont succombé en se trouvant en contact avec eux. Seront-ils abandonnés ? Non, l'abbé de Mazenod se présente de lui-même et demande d'être admis auprès de ces infortunés. Aux yeux de tout le monde, c'était aller à la mort et c'est avec peine que l'autorité consent à son dévouement. Le typhus l'atteint ; se croyant frappé à mort, il va , avant de se mettre au lit, célébrer une dernière fois le saint sacrifice ; il s'offre lui-même à Dieu avec la victime sainte ; puis, le mal empirant , il reçoit les derniers sacrements et presque aussitôt il perd connaissance et tombe dans un état voisin de l'agonie. Une impression générale de douleur s'empare de la ville d'Aix. Ses jeunes gens se précipitent dans les églises pour demander sa guérison. La foule non moins émue s'associe aux vœux de leur piété filiale ; les supplications au Ciel ne cessent pas et enfin elles sont exaucées. Une crise met le malade hors de danger et la convalescence commence.

En effet, la mission du généreux prêtre n'était qu'à son début. Il se sentait appelé à travailler à la régénération spirituelle de la Provence et des contrées environnantes. Seul, il ne pouvait néanmoins entreprendre un si grand ouvrage. Il eut la pensée de s'associer des collaborateurs animés de son esprit de zèle et d'abnégation. Deux jeunes prêtres et deux vieillards vinrent s'unir à lui. Ils fixèrent leur communauté à Aix et de là ils rayonnaient dans toute la contrée, parcourant ensemble les villes et les campagnes de notre Midi ; dire les fruits de salut que produisirent ces courses apostoliques et les mérites que recueillirent pour eux-mêmes les saints prêtres qui se consacrèrent à ce ministère, je ne le puis qu'en leur appliquant ces paroles de l'Ecriture : Qu'ils sont beaux les pieds de ceux qui s'en vont annonçant l'Evangile de la Paix, l'Evangile

des biens du Seigneur ! *Quàm speciosi pedes Evangelizantium pacem , Evangelizantium bona!* (1)

Dans ces rudes travaux de son premier apostolat,
M. de Mazenod se prodiguait sans mesure. Les journées
entières étaient remplies par l'action et souvent la nuit
se passait encore à réconcilier les pécheurs. Combien de
fois, la poitrine déchirée par la continuité de la parole,
il n'avait plus dans sa bouche, du haut de la chaire,
qu'une voix étouffée par le sang ! L'infatigable prédicateur eut succombé, jeune encore, si une force surnaturelle ne l'eut soutenu. Cependant *la moisson* devenait
toujours plus *abondante et les ouvriers étaient* encore
*en petit nombre. Il demandait au maître de la moisson
d'envoyer des ouvriers dans son champ* (2). Les ouvriers
arrivèrent, le cercle des travaux s'étendit jusques sur
les montagnes du Dauphiné et sur une partie des
Cévennes Un nouvel établissement était formé et
l'avenir semblait présenter un plus vaste horizon. Mais
les ouvriers de la seconde heure étaient encore inexpé-
rimentés, il fallait les former ; leur supérieur ne cessa
de leur offrir, en sa personne, le véritable caractère de
l'éloquence apostolique. Venez voir comment à Marseille
et à Aix, à côté des plus célèbres orateurs de la France,
sa parole quelquefois véhémente et forte, mais plus
souvent douce et insinuante subjugue les masses, toujours animée qu'elle est par sa foi. Venez l'entendre
dans certaines autres villes, alors qu'après avoir comblé
de consolation et touché des plus religieux sentiments

(1) Rom., cap. X, v. 15. — (2) Ev. St-Math., c. IX, 37.

l'homme laborieux de la campagne, il rassemble autour
de sa chaire les voltairiens du lieu, à cette époque
si nombreux partout, et que par la simplicité, la luci-
dité et la force de son argumentation, il fait pénétrer
la lumière dans leurs âmes et les force à confesser la
vérité démontrée. Venez voir encore combien il est
maître de lui-même et de sa parole aussi bien que de la
foule immense qui l'écoute dans l'église métropolitaine
d'Aix en ce jour mémorable, où de ses lèvres dépend la
paix de la cité agitée et anxieuse. Voyez comme il
arrive heureusement à son but, à travers les écueils les
plus périlleux, sans toucher à aucun, dans sa longue et
délicate improvisation. Tous ses amis tremblaient pour
lui à son début, tous triomphèrent de son évangélique
victoire. Quand il eut achevé, l'archevêque, ravi plus
que les autres, voulut lui donner un témoignage public
de sa satisfaction en le priant de bénir à sa place ce
peuple reconnaissant et appaisé, et lui, élevant humblement dans ses mains sa croix de missionnaire, bénit
ceux qu'il lui était ordonné de bénir.

La grande œuvre qui occupe le plus sa pensée a reçu
sa dernière forme. Mais le sceau de l'Eglise lui manque
encore. Il l'obtient d'abord de l'autorité épiscopale des
sept diocèses qu'elle évangélise ; puis, il s'en va à Rome
demander, pour les lois qu'il a données aux siens, la
sanction du successeur de Pierre. Il arrive, il dépose le
code de ces lois sur le tombeau du prince des Apôtres
et y célèbre le saint sacrifice. Il se présente ensuite à
Léon XII. En le voyant le Souverain Pontife est prévenu
en sa faveur. Les Cardinaux chargés d'instruire l'affaire

2

ont ordre de lever tous les obstacles et de déroger, s'il le faut, à la jurisprudence reçue. C'en est fait, l'œuvre est admise au rang des familles canoniquement constituées et les Oblats sont reconnus par l'Eglise universelle.

Telle fut l'extraordinaire bienveillance du Vicaire de Jésus-Christ que, près de vingt ans après, étant moi-même à Rome, j'entendis de la bouche de l'illustre cardinal Orioli ces paroles remarquables : « Votre Evêque a fait dans le temps un grand refus au Pape Léon XII. » — « Et qu'à donc refusé notre Evêque ? » — « Le Cardinalat, me répondit-il, c'est le Pape lui-même qui me l'a dit dans le temps. Léon XII voulait retenir à Rome M. de Mazenod en l'élevant à la dignité de Cardinal ; mais votre Evêque, alors encore simple prêtre, demanda la permission de retourner à son œuvre française. »

Nous espérions naguère encore que ce grand honneur du Cardinalat serait réservé à sa vieillesse et à son siège. L'Empereur pour qui, depuis la reconstruction de la cathédrale, il professait une sincère reconnaissance, l'avait présenté pour cette dignité. Dans une lettre qui est un monument glorieux pour la mémoire de notre vénéré défunt, Pie IX lui avait annoncé cette suprême récompense pour un temps opportun. Mais à la place de la pourpre, Dieu a voulu donner au saint Evêque un éternel vêtement de gloire.

Et n'a-t-il pas eu l'avant-goût de cette gloire du Ciel en se voyant sur la terre entouré d'une couronne d'hommes apostoliques qui, a sa voix, allaient sans cesse faire des prodiges de zèle dans toutes les parties du monde ? Cinq de ses fils, consacrés Evêques par l'imposition de ses mains, étaient à la tête de ces expéditions évangéliques pour enseigner et baptiser les nations les plus barbares. On peut dire que sa voix retentissait comme celle des Apôtres jusqu'aux extrémités de la terre par l'écho que lui faisait la voix de ses enfants. Quel homme, de nos jours, a plus fait pour l'Eglise ? Pour le comparer, il faut remonter aux saints Patriarches des familles religieuses. La sienne n'était que d'hier et déjà elle comptait toute une légion nombreuse d'ouvriers évangéliques, les uns destinés à rester dans notre pays à la disposition des Evêques, dont ils sont spécialement les hommes dans chaque diocèse, les autres à porter la bonne nouvelle dans les contrées les plus reculées, sous les feux du tropique comme dans les glaces du pôle.

Avec quelle sollicitude il dirigeait leur zèle et fortifiait leur courage. Sans cesse en rapport avec eux, il les animait tous de son esprit et leur communiquait sa vie de foi. Il leur inspirait cette foi puissante qui surmonte tous les obstacles. Ni les mers étaient assez vastes et assez orageuses, ni les forêts assez profondes, ni les peuplades sauvages assez rebelles à la vérité pour qu'on s'arrêtât jamais dans la voie du dévouement et dans le progrès des conquêtes.

Mais il faut voir notre Prélat dans sa vie épiscopale et là reconnaître encore sa grande foi.

Rétabli en 1823 , le siége épiscopal de Marseille fut immédiatement occupé par Mgr Charles-Fortuné de Mazenod, oncle de notre prélat. Le neveu, désigné lui-même pour l'évêché de Châlons, crut d'autant plus se devoir à l'administration d'un membre de sa famille , que son concours était par là compatible avec les soins qu'il donnait aux œuvres entreprises en Provence. Je fais dater de cette époque les travaux de l'épiscopat de Mgr de Mazenod parce qu'en effet il fut dès-lors le principal instrument du bien qui s'opéra dans le diocèse.

On se souviendra longtemps de ses efforts pour organiser toutes choses selon ses vues de progrès et d'amélioration. Les obstacles ne le décourageaient point et malgré les inconvénients de sa position secondaire , il lutta contre ces obstacles avec une fermeté et une persévérance vraiment admirables d'abnégation et de courage, tandis que, attaché à un vieillard presque octogénaire dès le début , il n'avait devant lui qu'un court avenir, dont il était loin de pouvoir se promettre la succession. La préoccupation des incidents qui survenaient à l'encontre du zèle le plus pur empêchèrent tout d'abord de remarquer assez la grandeur d'âme et la vertueuse confiance qui présidèrent à ses résolutions mieux comprises plus tard. La sainteté de ses motifs suffisait à son dévouement. Il réussit au-delà de toute espérance dans cette œuvre difficile ; quelques années s'étaient à peine écoulées et déjà les plus heureux résultats rendaient justice à son active et inébranlable sollicitude. Dans les campagnes, particulièrement, tout fut renouvelé pour le bien avec un succès des plus consolants.

. Dans ce temps-là, son attention particulière se porta sur le jeune clergé. Ce n'est pas à dire pour cela qu'il méconnût les vertus et les services des hommes vénérables qui lui représentaient le passé et en qui il se plaisait à honorer les précieux débris échappés aux persécutions avec l'auréole de la confession de la foi ; mais, dans ses vues d'avenir, il croyait devoir user de sa position pour animer de ses pieux sentiments et pétrir, pour ainsi dire, de son esprit de zèle et de sacrifice, ceux qui étaient alors l'espérance du sanctuaire. Cela n'ôtait rien dans son âme à la confiance méritée par une génération antérieure. Toujours est-il vrai de dire que les éminentes qualités ecclésiastiques qui distinguent les prêtres devenus aujourd'hui les anciens de la maison de Dieu ont fleuri comme *la sanctification d'En Haut*, sous une main toujours propice à la bonne volonté.

Le sol a tremblé encore une fois ; la révolution est de nouveau sortie de ses digues et entre autres ruines dont elle menace l'Eglise, on craint celle du siége épiscopal de Marseille qui chancelle sous un vieillard de quatre-vingt-trois ans. On croit pouvoir soutenir momentanément ce siége illustre en plaçant à côté un autre Evêque. C'est ainsi que, par ordre du Pape Grégoire XVI, M. l'abbé de Mazenod est sacré à Rome Evêque d'Icosie *in partibus infidelium*. Je ne ferai point le récit des difficultés que cette promotion souleva ; il fallut trois ans pour sortir de ces graves difficultés qui pesèrent sur le nouvel Evêque avec une inexorable rigueur et dans une longue suite de tristes péripéties, conduisant à des conséquences extrêmes. Il ne se laissa point abattre : mais à la veille d'une défense que, d'après la jurisprudence d'alors, on lui promettait devoir être victorieuse, il fit éclater sa vertu par sa docile résignation aux simples désirs du Souverain Pontife, qui voulait éviter tout éclat. Je ne puis cependant passer sous silence la pensée de foi avec laquelle celui qui possédait à un si haut degré l'esprit du sacerdoce en accepta la plénitude. Son élévation à l'épiscopat, dans des circonstances, où il n'y avait aucun avantage humain, lui apparut comme une grâce toute surnaturelle et d'un prix inestimable. Il en était pénétré de reconnaissance envers le Seigneur.

Il était heureux de servir ainsi l'Eglise, quand le jour vint, où la charge pastorale lui fut imposée par la prévoyante sollicitude de son oncle qui crut avec raison donner une grande preuve d'amour à son Eglise par le choix d'un tel successeur.

Sous le fardeau qui vint inopinément le surprendre, M. de Mazenod n'eut guère qu'à continuer ses labeurs précédents. Je n'ai pas besoin de vous dire comment il les rendit toujours plus fructueux. Les pierres elles-mêmes le proclameront, *lapides clamabunt*. Le sol de son diocèse est couvert des monuments de son zèle. Qui ignore à Marseille que la ville est entourée d'une ceinture de pieuses fortifications, où les prières, les œuvres de charité et la sainteté des servantes du Seigneur nous défendent contre les assauts de l'enfer ? Toutes ces grandes constructions sont nouvelles. Les communautés qu'elles renferment vivaient, il y a peu d'années encore, sous un toit étranger. Parlerai-je de ces nombreuses églises édifiées sous les auspices de notre prélat, et non seulement avec les ressources dont il disposait, mais encore au moyen de ses sacrifices personnels et de sa responsabilité plusieurs fois engagée pour des sommes très-considérables dans des emprunts qui grevaient d'hypothèques ses propriétés particulières? Que ne s'est-il pas fait en ce genre dans son diocèse, que ne s'y fait-il pas encore? Sans doute, plusieurs de ses coopérateurs ont une part importante du mérite; sans doute, il y a des édifices sacrés qui seront le grand honneur de leur mémoire. Mais sous quelle impulsion, avec quels encouragements, avec quelle assistance ont-ils agi? Quel a été le principal promoteur de leurs œuvres bénies? Et cette belle cathédrale qui sera bientôt l'orgueil de Marseille, qui en faisait depuis vingt ans l'objet d'incessantes sollicitations, quand l'Empereur en a doté notre ville? Et que dirai-je de ce sanctuaire qui s'élève avec tant de splendeur sur notre sainte montagne? le cœur vivant de notre Evêque s'y était si fortement attaché qu'il a voulu que mort il y fût encore. Hélas! c'était pour lui une grande douleur avant sa fin de ne pas avoir terminé ce magnifique ouvrage en l'honneur de la Mère de Dieu. Pour en assurer l'achèvement, il voulut contracter un emprunt qu'il négocia encore dans sa maladie. Puisse sa mémoire recommander efficacement cette belle œuvre à la pieuse générosité de ses diocésains !

Rappellerai-je ce qu'il a fait dans l'ordre purement spirituel? Sa pensée embrassait avec une continuelle vigilance tout l'ensemble des besoins des âmes, toute l'action du ministère de ses prêtres. Il tenait à multiplier en faveur des fidèles tous les moyens de salut. Je l'ai bien des fois entendu se plaindre avec tristesse de l'impuissance de ces moyens à cause de ce que le nombre des ouvriers n'était pas en rapport avec l'étendue de la moisson. Certes ! quoiqu'on pût lui dire, il ne se dissimulait pas les défaillances d'une partie trop considérable de son troupeau. Aussi, après avoir usé de toutes ses ressources, il faisait entendre bien souvent les gémissements du Saint-Esprit dans la prière, afin qu'aucun ne fût perdu de ceux que le Père céleste lui avait donnés. Quel bonheur il ressentait quand ses soins avaient réussi, ne fût-ce que pour une seule âme ! Il n'épargnait pour aucune rien de ce qui pouvait être utile. C'est ainsi qu'on le voyait chaque jour dans l'humble réduit du plus pauvre pour donner aux malades le sacrement de confirmation comme le secours de ses aumônes. Il aimait toutes ses ouailles d'une tendresse vraiment paternelle, et s'il était inflexible à leur égard dans ce qu'il jugeait dangereux pour leur salut, il ouvrait avec empressement au pécheur les bras de la miséricorde. Son indulgence se manifestait quelquefois avec l'expression d'une bonté touchante. Vous savez combien il se plaisait au sein des pieuses réunions et comment il se multipliait en quelque sorte pour s'y rendre. Il trouvait surtout ses délices à distribuer à une grande foule le pain eucharistique, et malgré la fatigue il se réservait exclusivement dans ces occasions cette fonction éminemment pastorale,

Il était plein d'abandon dans ses rapports avec son clergé comme envers la portion chérie de sa famille. Il avait travaillé à améliorer son sort et à le grandir en tout genre. Il a consigné de sa main l'expression de ses sentiments envers ses prêtres dans son testament qui, par les dispositions qu'il renferme, est un véritable testament d'amour envers son diocèse et que le notaire a appelé depuis *une hymne à la charité.*

Voici comment il s'exprime en prenant Dieu à témoin de ses sentiments :

« Je m'adresse à vous, mes bien-aimés coopérateurs,
« prêtres de mon diocèse. Dieu m'est témoin que je
« vous ai toujours aimés d'un amour paternel. Ceux
« d'entre vous qui me connaissent le mieux savent
« jusqu'à quel point ce sentiment domine dans mon
« âme. C'est au point de m'identifier tellement avec vous
« que vos peines sont les miennes, que je me réjouis
« de vos joies et que je me suis approprié vos vertus
« en me glorifiant devant Dieu et devant les hommes
« d'avoir reçu en partage pour mes enfants spirituels
« des prêtres tels que vous. Je le dis avec vérité pour
« votre consolation, mes chers fils en Jésus-Christ,
« dans le cours de mon long épiscopat je n'ai eu qu'à me
« louer du bon esprit et de la conduite de mon clergé.
« Les exceptions sont si rares et en si petit nombre que
« je n'en parle que pour confirmer mon assertion dans
« l'honorable témoignage que je rends à la totalité des
« autres. »

Dans sa vie militante il avait rencontré bien des contradictions et connu l'injustice des jugements des hommes. Il avait cherché alors sa consolation en Dieu et dans sa conscience. Sa charité n'en avait pas été altérée. Voici encore comment il parle à ce sujet dans son testament :

« Avant de passer, dit-il, aux dispositions que j'ai à
« faire dans ce testament, je veux protester hautement
« que je pardonne de tout mon cœur à tous ceux qui
« ont eu le tort de se faire mes ennemis, m'ont calomnié
« ou offensé. Je ne me suis jamais expliqué comment il
« pouvait se faire qu'il se rencontrât des gens qui me
« voulussent du mal. J'ai pu quelquefois contrister
« quelqu'un dans l'exercice des devoirs impérieux de
« mon saint ministère, mais j'affirme que je n'ai
« jamais voulu du mal à personne et que je n'ai jamais
« eu non plus l'intention de faire volontairement de la
« peine à qui que ce soit. Je ne dis pas seulement le
« sentiment de la haine, mais celui dela rancune a tou-
« jours été antipathique à ma nature et l'on m'a souvent
« entendu dire avec vérité que je n'avais point de mérite
« à pardonner. Je demande, néanmoins, pardon à tous
« ceux qui croiraient avoir eu à se plaindre de moi, à
« ceux que j'aurais pu offenser ou seulement contrister,
« protestant de nouveau que c'est bien malgré moi et
« sans en avoir l'intention que j'aurais pu leur déplaire.
« S'il fallait un garant de mes dispositions habituelles
« à l'égard de tous ceux que je viens de citer dans ce
« dernier paragraphe, lesquels j'ose m'en flatter, doi-
« vent être en petit nombre, je transcris ici la prière
« que je fais chaque jour en descendant de l'autel,
« après avoir offert le Saint-Sacrifice et en la présence

« du Dieu vivant que je viens d'avoir le bonheur de
« recevoir : *Ignosco et dimitto ex toto corde omnibus*
« *inimicis meis, omnibus me calumniantibus, omnibus*
« *mihi detrahentibus, omnibus quocumque modo mihi*
« *nocentibus, vel volentibus mala.* Et celle-ci encore
« après avoir prié pour les pécheurs, pour les héréti-
« ques et les schismatiques, pour les infidèles, pour
« ceux qui sont dans la tribulation ou pressés par le
« malheur, pour mes proches et mes amis, pour ceux
« qui se recommandent à mes prières et pour les âmes
« du purgatoire, j'ajoute ces propres paroles : *Miserere*
« *omnium adversantium mihi . vel qui me aliquâ molestiâ*
« *affecerunt.* C'est ainsi, dit-il, qu'un chrétien, qu'un
« évêque se venge. »

Oui, Messieurs, c'est ainsi qu'un chrétien, qu'un
évêque se venge ! Je n'ai pas le temps de tout dire. Il
me faut réserver à l'historien de notre Evêque jusqu'au
titre des chapitres de son livre futur.

L'amour de notre Evêque pour l'Eglise et son Chef,
sa charité envers les pauvres et sa généreuse sollicitude
pour les bonnes œuvres, sa piété, continuelle et vive
expression de sa grande foi, sa fidélité à la pratique de
l'oraison mentale tous les matins et à la récitation d'une
partie du Rosaire tous les soirs avant la prière en commun dans la maison épiscopale, les austérités de sa vie
laborieuse et pénitente, la ferveur de sa dévotion envers
la Sainte Vierge, la ferveur plus grande encore de sa
dévotion envers Jésus-Christ dans le sacrement de nos
autels, ses pieux élans et ses douces larmes en présence
de la divine Eucharistie et enfin l'indescriptible bonheur

qu'il éprouvait en se voyant entouré tous les jours d'un si grand nombre de fidèles dans l'église où il avait indiqué les exercices solennels de l'adoration perpétuelle, sa reconnaissance envers le Seigneur à qui il rapportait le succès de cette institution en se livrant aux plus saintes espérances du pasteur et du père, tout cela, entre une multitude d'autres sujets d'édification, demanderait d'interminables pages.

Vous savez comment la vieillesse vigoureuse de notre saint Évêque cachait un principe de mort, qui tout-à-coup s'est manifesté de la manière la plus alarmante. Il n'attendit pas que le danger fût imminent pour recevoir les derniers sacrements, il voulut s'y préparer par une confession générale et puisque le temps lui était accordé, il fixa lui-même le jour du Saint-Viatique. Je ne retracerai point de nouveau ce qu'il y eut de touchant et de tout à fait patriarcal dans ce grand acte de religion. Je ne dirai point l'inexprimable effet de cette bénédiction que chaque prêtre vint successivement recevoir en arrosant de ses larmes la couche d'un père prêt à quitter pour toujours ses enfants.

Vous fûtes alors, Monseigneur, le digne interprète de ses sentiments pour nous et de notre douleur pour lui. Le souvenir de vos paroles restera ineffaçable dans nos cœurs.

Vous et moi, témoins continuels des souffrances de cette longue maladie, nous pouvons dire que nous le fûmes aussi de la patience, de la résignation et des sublimes sentiments de piété qui marquaient chaque heure de ces jours si douloureux et de ces nuits si accablantes au coin des plus hauts mérites, tels que Dieu se plaît à les accumuler sur la tête de ses fidèles serviteurs, alors que le labeur va finir et que la récompense va commencer.

Mais comment pourrions-nous décrire cet enchainement de grâces qui viennent visiter et élever toujours davantage ce rare malade embrassant avec des étreintes à la fois si douces et si fortes la croix du Sauveur, à laquelle la douleur de son corps et l'amour de son cœur le tiennent également attaché ?

O vous, qui fûtes ses amis et ses enfants, venez le voir encore avant le jour suprême ; quel calme, quelle sérénité, il vous est donné d'admirer ! comme il est doux envers sa maladie et bienveillant pour ceux qui l'approchent ! comme ce cœur aimant est encore plein de vie et cet esprit si vif plein de force dans ce corps si abattu ! on ne saurait être malade avec plus de dignité, disait un de ses médecins.

Oui, mais cette dignité est celle de sa vertu. C'est sa foi qui le soutient, c'est sa foi qui sur l'autel de son sacrifice lui communique cette même dignité sainte, qu'il portait à l'autel de sa cathédrale aux jours solennels.

On lui a dit sans détour que sa fin était proche. Il a remercié celui qui surmontant sa douleur avait rempli ce devoir de sainte amitié. Le malade se serait volontiers écrié avec le prophète : *Je me suis réjoui de ce qu'il m'a été dit : nous entrerons dans la maison du Seigneur.* (1)

C'était vers les dernières heures du soir. Il s'agissait de lui donner encore une fois le saint Viatique à la messe

(1) Psal. CXXXI. v. 1.

qui se dirait dans la nuit. Il demanda qu'on n'attendît pas jusqu'alors, il s'entretint avec son confesseur, on le revêtit de son costume de chœur et j'eus la consolation de le communier encore une fois après tant d'autres communions reçues dans le cours de la maladie.

Le lendemain, fête de la Pentecôte, j'allais selon la coutume célébrer la messe dans sa chambre, mais il me déclara qu'il tenait à ce que je fisse l'office pontifical à la cathédrale pour ne pas diminuer les solennités de l'Eglise à cause de lui. Je me conformai tristement à des désirs qui révélaient si parfaitement l'Evêque.

Il s'occupait de tous ceux qui l'entouraient et il eut pour chacun de nous, les paroles les plus touchantes. Il reçut plusieurs prêtres et leur dit entre autres choses : *Vous, vous êtes encore dans le temps, et moi je suis sur le sommet de la montagne à la porte de mon éternité*; il disait à d'autres : *J'ai eu à traiter beaucoup d'affaires, j'ai contracté une grande responsabilité, mais je suis plein de confiance dans la miséricorde de Dieu.* — Vers la fin de la journée du lundi, on lui annonça le commencement de son agonie. Aussitôt, joignant les mains, il fit de nouveau et de grand cœur le sacrifice de la vie. Dès lors une joie divine surabondait dans son âme. Il ne voulut plus penser qu'à la mort. Il ne demanda plus les soulagements dont son corps avait besoin, entré qu'il était dans une sorte de contemplation de son éternité.

Quelqu'un lui ayant dit : *Mon Père, nous avons besoin de vous, Dieu ne vous refusera pas de vous conserver encore parmi nous, si vous le demandez.* — *Oh! non,* répondit-il, *jamais je ne ferai cette demande..... Je ne veux qu'une chose, que la sainte volonté de Dieu s'accomplisse. Faites-moi les prières des agonisants..... Mais auparavant donnez-moi ma croix de missionnaire et mon chapelet, ce sont mes armes.* — Il prit sa croix d'une main et son chapelet de l'autre et ne voulut plus s'en dessaisir un seul instant jusqu'à sa fin, c'est-à-dire pendant trente heures encore. On lui fit les prières des agonisants, il répondait à toutes avec une animation de foi extraordinaire, il nous bénit, bénit son diocèse et sa famille spirituelle, seul calme au milieu de nos émotions inexprimables. Puis on l'entendit s'écrier : *Si j'étais plus saint, je dirais à Dieu : Veni, noli tardare.* Et quelques instants après : *Oh ! qu'il tarde à venir ce bon Maître ! Je ne suis pas encore digne de m'unir à lui.*

Le mardi qui fut le dernier jour de sa vie, il entendit deux messes en suivant toutes les prières du célébrant. Comme on l'interrogeait auparavant sur ce qu'il voulait qu'on demandât à Dieu : *Que sa sainte volonté s'accomplisse,* répondit-il, *c'est tout le désir de mon cœur.* — Une lettre venait d'arriver des missions de l'Orégon confiées à ses Oblats. *Est-ce une lettre d'affaires ou une lettre d'édification,* demanda-t-il. — Une lettre d'affaires. — *Alors elle n'est pas pour moi, je n'ai plus qu'à m'occuper d'une seule affaire, c'est de bien mourir.* En disant ces mots, il baisa sa croix avec un mouvement de tendre affection. — Il voulait qu'on continuât à lui réciter des prières. — On répéta plusieurs fois les Complies. — La dépêche qui annonçait la bénédiction apostolique que le Saint-Père lui transmettait arriva en ce moment. Je la lui lus, il joignit les mains et se recueillit pour recevoir cette dernière bénédiction du Vicaire de Jésus-Christ. — Le médecin s'étant approché de son lit : — *Ai-je bien longtemps encore à vivre*, lui dit-il, *oh! comme je voudrais me voir mourir pour bien accepter la volonté du bon Dieu.* — La dernière heure était venue, on récita de nouveau Complies, sublime prière du soir à la fin de la journée de la vie. A tous les versets qui avaient quelque rapport avec sa position, on le voyait élever les mains et donner un assentiment plus marqué. C'est ainsi qu'il disait : — *in idipsum dormiam et requiescam,* — *in te, Domine, speravi, non confundar in æternùm.* — *In manus tuas, Domine, commendo spiritum meum.* Au *Nunc dimittis* sa figure parut rayonnante de bonheur.

On récita ensuite le *Salve regina*, il suivit cette prière. A ces paroles : *Nobis post hoc exilium ostende*, il ouvrit les yeux ; à ces invocations : *O clemens, ó pia*, il fit un léger mouvement en prononçant les paroles ; puis il dit avec nous : *O dulcis virgo Maria* et à l'instant même, sans aucune commotion, il expira...... et son âme fut reçue dans les bras maternels de la clémente, de la pieuse et de la douce Vierge Marie ! Il l'avait tant aimée et tant honorée durant sa longue carrière, il l'avait tant fait honorer !

Que n'a-t-il été possible que tous les diocésains de ce serviteur de Dieu et de Marie fussent présents au spectacle de cette mort ! Que n'ont-ils pu venir confondre aussitôt leurs larmes, leurs prières et leurs espérances avec les nôtres ! Ils eussent été pénétrés comme nous d'un respect religieux en présence de ce corps inanimé de leur pasteur et de leur père ; ils eussent vu la paix du Seigneur empreinte sur cette physionomie où se montrait même le sourire d'une première vision des cieux, et ils auraient senti vivement que, sous ces voiles lugubres de la mort de ce juste, il y avait une sainte et bienheureuse immortalité.

Cependant, si notre douleur n'était pas sans consolation aux yeux de la foi, elle était encore bien profonde et bien déchirante pour la nature. Aussi eussiez-vous compris le saisissement douloureux de celui qui parle, quand après le dernier soupir de celui qui avait été tout pour lui, il approcha respectueusement ses lèvres tremblantes de ce front glacé par la mort et le mouilla de ses larmes filiales.

Celui que nous pleurons, nous a tous laissés orphelins. Toutefois, vous, Messieurs, vous ne le serez pas longtemps ; vous aurez bientôt un Père. Mais moi, qui me rendra celui que j'ai perdu ?

Dans le premier moment de calme, j'écrivis au Souverain Pontife pour lui annoncer qu'il y avait un Evêque de moins, et quel grand Evêque ! dans l'Eglise de Dieu. Le Vicaire de Jésus-Christ a daigné me répondre lui-même en ces termes : « Nous sommes « profondément affligé de la mort de ce Prélat qui, « distingué par son rare amour de la religion, sa « piété et son zèle sacerdotal, s'honorait encore au « plus haut degré par sa fidélité, son attachement et « sa respectueuse obéissance pour Nous et pour cette « chaire de Pierre. Nous n'avons pas omis dans nos

« prières et sacrifices de recommander humblement et
« avec instances l'âme du défunt au Père très-clément
« des miséricordes, afin que si quelque chose d'humain
« faisait tache en elle et lui restait encore à expier, il
« lui accorde une très-bénigne indulgence et l'intro-
« duise dans la gloire du royaume céleste. »

O mon Dieu ! qu'il soit fait à notre Evêque, si cela est nécessaire, selon la parole de votre Vicaire !

Et vous, ô mon père ! du haut du Ciel, vous serez encore l'ange de votre Eglise. Vous la protégerez. Votre immortel amour ne cessera de parler pour nous devant le trône de la grâce. Vous ferez descendre d'abondantes bénédictions et sur le clergé, et sur les fidèles de votre diocèse, et sur les familles spirituelles qui vous sont unies par des liens non moins sacrés, et sur les membres des familles illustres qui tiennent à vous par les liens du sang et par des sentiments également dignes de vous.

Vous bénirez aussi celui que vos bontés ont élevé jusqu'à vous dans la plénitude du sacerdoce. S'il doit bientôt s'éloigner de votre tombe, la pensée de son cœur le ramènera sans cesse vers cette tombe vénérée ; il viendra vous y chercher en esprit à côté de votre saint prédécesseur, y respirer, en quelque sorte, le souvenir de ce que vous fûtes pour lui et se consoler dans l'espérance qu'il sera donné au fils de voir son père et d'être réuni à lui dans le vrai séjour des vivants.

TESTAMENT

DE MONSEIGNEUR

CHARLES-JOSEPH-EUGÈNE DE MAZENOD,

ÉVÊQUE DE MARSEILLE, etc.

TESTAMENT

DE MONSEIGNEUR

CHARLES-JOSEPH-EUGÈNE DE MAZENOD,

ÉVÊQUE DE MARSEILLE, ETC.

Marseille, le 1er août 1854, 72e anniversaire de ma naissance,

Je soussigné Charles-Joseph-Eugène de MAZENOD, Evêque de Marseille, juge convenable de faire mon testament olographe ainsi qu'il suit.

Ma première pensée en considérant la mort dont je dois m'occuper en traçant ces lignes de mes dernières volontés, est de me confondre en actions de grâce devant Dieu pour m'avoir appelé à la connaissance de la vérité dans le sein de la SAINTE EGLISE CATHOLIQUE, APOSTOLIQUE, ROMAINE, dans laquelle j'ai le bonheur de vivre et dans laquelle je veux mourir.

J'implore la miséricorde de Dieu, par les mérites de notre divin Sauveur JÉSUS-CHRIST en qui je mets toute ma confiance, pour obtenir le pardon de mes péchés et la grâce de recevoir mon âme dans le saint paradis.

J'invoque à cet effet l'intercession de la Très-Sainte et Immaculée Vierge Marie, Mère de Dieu, osant lui rappeler en toute humilité, mais avec consolation, le dévouement filial de toute ma vie et le désir que j'ai toujours eu de la faire connaître et aimer et de propager son culte en tous lieux par le ministère de ceux que l'Eglise m'a donnés pour enfants et qui se sont associés à mes vues.

J'invoque aussi l'intercession de tous les Saints Anges et en particulier de mon Saint Ange Gardien qui m'a préservé pendant ma vie de tant de dangers pour l'âme et pour le corps.

J'invoque encore tous les Saints et Saintes du Paradis et particulièrement les Saints Patrons qui m'ont été donnés dans mon baptême, SAINT CHARLES, SAINT JOSEPH et SAINT EUGÈNE. J'ai la confiance qu'à l'heure de mon trépas, Saint Joseph, mon Patron de prédilection et le Patron donné par l'Eglise aux agonisants, daignera m'assister dans ce moment extrême. Je me repose dans le souvenir de l'avoir honoré avec un parfait sentiment de sa grandeur et de toutes les prérogatives qui l'élèvent au-dessus de toute créature après la Très-Sainte Vierge, sa véritable épouse. Je suis heureux de laisser après moi des traces de ma juste dévotion à ce grand Saint dans le Propre que j'ai obtenu du Saint-Siége pour mon diocèse, qui perpétuera son culte d'une manière spéciale parmi mes chers diocésains.

Pourrais-je oublier de me recommander aux saintes âmes du Purgatoire, moi qui pendant tout mon épiscopat n'ai rien négligé pour leur procurer le soulagement qu'elles ont droit d'attendre de la charité de leurs frères formant l'Eglise militante sur la terre. Sans doute elles ne peuvent plus mériter dans leur état présent, c'est pourquoi l'Eglise vient constamment à leur secours. Mais je tiens pour certain que, chères à Dieu comme elles sont, elles peuvent obtenir beaucoup de notre Père commun en faveur de ceux pour qui elles prient. Aussi c'est avec une pleine confiance que je les invo-

que, ne craignant pas de leur rappeler les titres que me
donne à leur reconnaissance tout ce que je n'ai cessé de faire
pour elles.

Maintenant je replie ma pensée sur ceux qui me survivront
et c'est par tous les liens qui nous unissent que je réclame
le secours de leur charité pour le soulagement de mon âme.
J'ai bien la confiance que le Bon Dieu par sa miséricorde in-
finie m'accordera son saint Paradis. Oh ! oui, cette espérance
à laquelle nous sommes tous tenus est aussi vive dans mon
cœur que la foi et je voudrais pouvoir dire que la charité.
Mais c'est précisément la connaissance de l'imperfection de
cette charité en moi et les innombrables infidélités que j'ai à
me reprocher et qui l'ont refroidie dans mon âme, malgré les
grâces dont j'ai été comblé toute ma vie, qui me font redou-
ter la longueur et la sévérité de mon Purgatoire. Reconnaissant avoir mérité l'Enfer, je ne puis qu'acquiescer de toute la
plénitude de ma volonté à la sentence de la peine temporaire
que la justice de Dieu, tempérée par sa miséricorde, pronon-
cera contre moi, dussé-je être condamné à me purifier et à
expier mes fautes jusqu'à la fin du monde dans ce lieu de
souffrance. C'est cette persuasion qui, pour en abréger le
terme désirable, me fait crier vers les amis que je laisse après
moi, en empruntant les prières de l'Eglise, *miseremini mei
saltem vos amici mei.*

C'est à ce titre que je m'adresse d'abord à vous, mes bien-
aimés Coopérateurs, Prêtres de mon diocèse. Dieu m'est
témoin que je vous ai toujours aimés d'un amour paternel.
Ceux d'entre vous qui me connaissent le mieux savent jusqu'à quel point ce sentiment domine dans mon âme. C'est au
point de m'identifier tellement avec vous, que vos peines
sont les miennes, que je me réjouis de vos joies et que je me
suis en quelque sorte approprié vos vertus en me glorifiant

devant Dieu et devant les hommes d'avoir reçu en partage pour mes enfants spirituels des Prêtres tels que vous. Je le dis avec vérité pour votre consolation, mes chers Fils en Jésus-Christ, je n'ai eu qu'à me louer du bon esprit et de la conduite de mon clergé. Les exceptions sont si rares et en si petit nombre que je n'en parle que pour confirmer mon assertion dans l'honorable témoignage que je rends à la totalité des autres.

J'espère que le reste du troupeau que Dieu m'a donné à gouverner imitera l'exemple de mes Prêtres et que toutes mes ouailles se feront un devoir de prier Dieu pour mon âme. J'ai tâché d'être pour elles un bon Pasteur, soit par les prières que je n'ai cessé d'adresser à Dieu pour leur sanctification et surtout par le Saint Sacrifice de la Messe offert journellement à cet effet, soit en employant en leur faveur tous les services de mon grand ministère, soit enfin en me faisant représenter parmi elles par de bons Coopérateurs.

Je n'ai pas besoin de rappeler à mes chères Filles les Religieuses des divers Ordres qui édifient mon Diocèse par leurs vertus et leur dévouement, ce qu'elles m'ont toutes promis. Je compte donc aussi sur leurs puissants suffrages comme sur ceux de la famille religieuse dont je suis plus spécialement le Père et dont une juste retenue me détourne de faire ici l'éloge.

Avant de passer aux dispositions que j'ai à faire dans ce testament, je veux protester hautement que je pardonne de tout mon cœur à tous ceux qui ont eu le tort de se faire mes ennemis, m'ont calomnié ou offensé. Je ne me suis jamais expliqué comment il pouvait se faire qu'il se rencontrât des gens qui me voulussent du mal. J'ai pu quelquefois contrister quelqu'un dans l'exercice des devoirs impérieux de mon saint ministère ; mais j'affirme que je n'ai jamais voulu du mal à personne et que je n'ai jamais eu non plus l'intention de faire volontairement de la peine à qui que ce soit. Je ne dis pas seulement le sentiment de la haine, mais celui de la rancune a toujours été antipathique à ma nature et l'on m'a souvent entendu dire avec vérité que je n'avais point de mérite à pardonner. Je demande néanmoins, pardon à tous ceux qui croiraient avoir eu à se plaindre de moi, à ceux que j'aurais pu offenser ou seulement contrister, protestant de nouveau que c'est bien malgré moi et sans en avoir l'intention que j'aurais pu leur déplaire. S'il fallait un garant de mes dispositions habituelles à l'égard de tous ceux que je viens de citer dans ce dernier paragraphe, lesquels, j'ose m'en flatter, doivent être en petit nombre, je transcris ici la prière que je fais chaque jour en descendant de l'autel après avoir offert le Saint-Sacrifice et en la présence du Dieu vivant que je viens d'avoir le bonheur de recevoir : *Ignosco et dimitto ex toto corde omnibus inimicis meis, omnibus me calumniantibus, omnibus quocumque modo mihi nocentibus vel volentibus mala.* Et celle-ci encore après avoir prié pour les pécheurs, pour les hérétiques et les schismatiques, pour les infidèles, pour ceux qui sont dans la tribulation ou pressés par le malheur, pour mes proches et mes amis, pour ceux qui se recommandent à mes prières et pour les âmes du purgatoire, j'ajoute ces propres paroles: *Miserere omnium adversantium mihi, vel qui me aliquâ molestiâ affecerunt.* C'est ainsi qu'un chrétien, qu'un évêque se venge.

ANALYSE DES LEGS ET DONATIONS.

—

HÉRITIERS.

M. Tempier , Prévôt du Chapitre.

M. Fabre , Supérieur du Grand-Séminaire.

LÉGATAIRE A TITRE UNIVERSEL

*De tous les biens patrimoniaux, à charge de divers legs en faveur
des autres membres de la famille.*

Le marquis de Boisgelin , son neveu.

LÉGATAIRES PARTICULIERS.

Aux futurs Évêques de Marseille :

Les meubles du palais épiscopal qui n'appartiennent pas à
l'Etat.

L'anneau et la croix de Mgr J.-B. Gault.

Au Grand-Séminaire :

Une campagne au quartier de Saint-Louis , près Marseille ,
sous charge de jouissance de l'habitation en faveur des
futurs Evêques de Marseille.

Une propriété au quartier de Saint-Jullien, près Marseille.

Plusieurs immeubles rues Barthélemy et des Petits-Pères.

Au Chapitre :

Un Christ en ivoire, une crosse ayant appartenu à S. E.
Mgr le Cardinal de Latil.

Maison et ancienne chapelle des pénitents noirs.

A la commune de Marseille :

Terrain sur le Prado pour y bâtir une Eglise.

Terrains et constructions au quartier du Bas-Cannet.

Terrains au quartier du Grand-Pin.

Terrains et chapelle au quartier de Montolivet.

A la fabrique de la paroisse de Saint-Vincent-de-Paul :
Un immeuble rue Barthélemy.

A la fabrique de la paroisse d'Allauch :
La chapelle de la congrégation des filles.

A la fabrique de la paroisse de Cassis :
Une propriété servant à la congrégation dite de la Jeunesse
Chrétienne.

Pour un monument à la mémoire de Mgr de Mazenod, son
oncle , ancien Evêque de Marseille :
Dix mille francs.

A M. Vitagliano, directeur de l'Œuvre des Orphelins :
Dix mille francs.

Aux Frères de Saint-Jean-de-Dieu à Saint-Barthélemy,
banlieue de Marseille :
Six mille francs.

A la fabrique de la paroisse de la Major, à Marseille. avec
destination spéciale :
Cinq mille francs.

A la fabrique de la paroisse de Saint-Laurent, à Marseille,
avec destination spéciale :
Cinq mille francs.

A la fabrique de la paroisse de N.-D.-du-Mont-Carmel, à
Marseille , avec destination spéciale :
Cinq mille francs.

A la fabrique de la paroisse de Saint-Cannat, à Marseille,
avec destination spéciale :
Cinq mille francs.

A la fabrique de la paroisse de Saint-Jean-Baptiste,
à Marseille, avec destination spéciale :

Cinq mille francs.

A la fabrique de la paroisse de Mazargues, à Marseille,
avec destination spéciale :

Cinq mille francs.

A la fabrique de la paroisse de Saint-Martin, à Marseille,
pour être distribués immédiatement aux pauvres :

Cent francs.

A la fabrique de la paroisse de Saint-Ferréol, à Marseille,
pour être distribués immédiatement aux pauvres :

Cent francs.

A la fabrique de la paroisse de Saint-Théodore, à Marseille, pour être distribués immédiatement aux pauvres :

Cent francs.

A la fabrique de la paroisse de Saint-Lazare, à Marseille,
pour être distribués immédiatement aux pauvres :

Cent francs.

A la fabrique de la paroisse de Saint-Vincent-de-Paul,
à Marseille. pour être distribués immédiatement aux
pauvres :
Cent francs.

A la fabrique de la paroisse de Saint-Joseph, à Marseille,
pour être distribués immédiatement aux pauvres :
Cent francs.

A la fabrique de la paroisse de Saint-Michel, à Marseille,
pour être distribués immédiatement aux pauvres :
Cent francs.

A la fabrique de la paroisse de Saint-Adrien. à Marseille,
pour être distribués immédiatement aux pauvres :
Cent francs.

A la fabrique de la paroisse d'Aubagne, avec destination
spéciale :
Trois mille francs.

A la fabrique de la paroisse de la Ciotat, avec destination
spéciale :
Trois mille francs.

A la fabrique de la paroisse d'Allauch, avec destination
spéciale :
Trois mille francs.

A la fabrique de la paroisse d'Auriol.
Abandon de ce qu'elle peut devoir.

A la fabrique de la paroisse de Saint-Louis, avec destination spéciale :
Deux mille francs.

A la fabrique de la paroisse de Roquevaire, avec destination spéciale :
Deux mille francs.

A la fabrique de la paroisse de Cassis, avec destination
spéciale:
Deux mille francs.

A la fabrique de la paroisse de Cuges, avec déstination
spéciale :
Deux mille francs.

A la fabrique de la paroisse de Saint-Savournin, avec
destination spéciale :
Deux mille francs.

A la fabrique de la paroisse de la Penne-les-Aubagne,
avec destination spéciale :
Mille francs.

A la fabrique de la paroisse de Gréasque, avec destination spéciale :
Mille francs.

A la fabrique de la paroisse de St.-Laurent-du-Verdon
(Bases-Alpes), avec destination spéciale ;
Trois mille francs.

Aux Petites Sœurs des Pauvres de Marseille, en sus des
dons faits pour la fondation :
Mille francs.

Aux Orphelines du Choléra, de Marseille :
Trois mille franes.

A l'Œuvre des Servantes, de Marseille :
Trois mille francs.

A l'Œuvre du Refuge, de Marseille :
Trois mille francs.

A l'Œuvre de la Grande-Miséricorde :
Trois mille francs.

A l'Œuvre de la Bienfaisance Chrétienne :
Trois mille francs.

Au Bureau de Bienfaisance de la ville d'Aix :
Trois mille francs.

A chacun des cinq curés de la ville d'Aix, pour les
      pauvres :
Cent francs.

Aux Religieuses de Sainte-Claire, de Marseille :
Cent francs par an.

Aux Religieuses Capucines, de Marseille :
Cent francs par an.

Aux Religieuses Minimes, de Marseille :
Cent francs par an.

A MM^{grs} de Tours et de Cérame :
Les croix pectorales et un anneau.

A M. Cailhol, vicaire-général :
Un ornement.

A MM. Carbonnel, secrétaire-général, et Blanc, pro-
      secrétaire :
Un calice en vermeil.

A trente-deux pauvres, pris à raison de deux par paroisse
      de la ville de Marseille :
Un habillement complet.

Au clergé du diocèse de Marseille :
Deux mille rétributions de messes.

Aux Prêtres Oblats de Marie Immaculée :
Deux mille rétributions de messes.

A sa maison domestique et quelques autres, divers legs
      et pensions.

. . . .
. . . . ;

Signé † CHARLES-JOSEPH-EUGÈNE,
Évêque de Marseille.